경성대학교
한국한자연구소 한자학 교양총서 04

한자와 고대중국어

이 저서는 2018년 대한민국 교육부와 한국연구재단의 지원을 받아 수행된 연구임
(NRF-2018S1A6A3A02043693)

경성대학교 한국한자연구소 한자학 교양총서 04

한자와
고대중국어

조은정 허 철

역락

발간사

    경성대학교 한국한자연구소는 2018년 한국연구재단 인문한국
플러스(HK+) 지원사업(과제명: 한자와 동아시아 문명 연구-한자로드의
소통, 동인, 도항)에 선정된 이래, 한자문화권 한자어의 미묘한 차이
와 그 복잡성을 고려한 국가 간 비교 연구를 수행해 왔습니다. 이
총서는 그간의 연구 성과를 대중에게 전하고 널리 보급하는 목적
으로 기획되었습니다.

    우리 연구소의 총서는 크게 연구총서와 교양총서로 나뉘어져
있습니다. 연구총서가 본 연구 아젠다 성과물을 집적한 학술 저술
이라면, 교양총서는 연구 성과의 대중적 확산을 위해 기획된 시리
즈물입니다. 그중에서도 이번에 발간하는 〈한자학 교양총서〉는 한
자학 전공 이야기를 비전공자들도 흥미롭게 접근할 수 있도록 기
획된 제1기 시민인문강좌(2022년 7월~8월, 5개 과정, 각 10강), 제2기 시
민인문강좌(2022년 12월~2023년 1월, 5개 과정, 각 10강)의 내용을 기반
으로 합니다. 당시 수강생들의 강의에 대한 높은 만족도와 함께 볼

만한 교재 제작에 대한 요청이 있었습니다. 실제로 한자학 하면 대학 전공자들이 전공 서적을 통해 접하는 것이 대부분이며, 대중이 쉽게 접할 수 있는 입문서는 그다지 많지 않습니다. 〈한자학 교양총서〉는 기본적으로 강의 스크립트 형식을 최대한 활용하여 전공 이야기를 쉬운 말로 풀어쓰는 데에 중점을 두었습니다. 흡사 강의를 듣는 듯 한자학에 대한 기본적인 지식을 배울 수 있는 입문서를 표방하는 이 책은, 한자학에 흥미를 가진 사람들이 한자학을 접할 수 있는 마중물과 같은 역할을 할 수 있을 것으로 기대합니다.

이번에 발간되는 시리즈는 전체 10개 과정 중 1기 강좌분에 해당하는 '한자학개요'(이해윤, 허철), '한자와 성운학'(배은한, 신아사), '한자와 출토문헌'(신세리, 홍유빈), '한자와 고대중국어'(조은정, 허철), '한자와 중국고대사'(이성란, 이선희) 5권이 먼저 발간됩니다. 한자학의 기원과 구성 원리, 음운 체계, 변천사 등 한자학 전반에 대한 이해를 높일 수 있는 내용으로 편집되었습니다.

앞으로도 우리 연구소는 연구 과제를 수행하면서 축적된 연구 성과를 학계뿐만 아니라 대중의 지적 호기심을 충족시킬 수 있는 방법을 다각적으로 모색해 나아갈 것입니다. 본 사업단 인문강좌에 강의자로 참여해주시고, 오랜 퇴고 기간을 거쳐 본 〈한자학 교양총서〉에 기꺼이 원고를 제공해 주신 여러 교수님들께 감사드리고, 이 책이 발간되기까지 조언을 아끼지 않으신 사업단 교수님들, 그리고 역락 박태훈 이사님께도 감사의 말씀을 드립니다.

2024년 1월

경성대학교 한국한자연구소

소장 하영삼

머리말

    2022년 경성대 한국한자연구소로부터 '한자와 고대중국어'를 주제로 비전공자들을 대상으로 하는 강연을 요청받았습니다. 총 10회, 총 10시간의 짧은 시간 동안 어떻게 이야기를 풀어낼지 그 난이도를 고민하다가 학부생 수준의 제 기존 강의 내용 일부를 바탕으로 강연을 준비했습니다. 그런데 첫 수업에서 수강생분들과 인사를 나누다 보니 현직 고등학교 한문 선생님, 한국과 중국에서 사학, 한문 교육 등을 전공하는 석박사 과정생분들이 수강해주셨다는 걸 알게 되었습니다. 이에 난이도를 다시 조정해 고대중국어 관련 내용은 제가 대학원생을 대상으로 강의해오던 내용 일부를 포함시켰습니다. 이 책은 이러한 강의 내용 일부를 글로 풀어낸 것으로 한자와 고대중국어에 대한 기본적인 이야기가 실려 있습니다. 또한, 언어학 전공자가 아닌 분들도 한자와 고대중국어 공부를 시작할 때 기본적으로 습득하면 좋은 내용으로 구상하려 노력했습니다. 그러나 어떤 부분은 너무 얕고 어떤 부분은 너무 깊은 것 같습니다. 차후 이를 발판으로 좀 더 자세한 내용을 풀어내 보고자 합니다. 제가 중국 선진 철학가들의 생각을 알고 싶어서 고대 한자와 고대중국어 문법을 전공하게 된 것처럼, 이 책이 독자 여러분들께도 조금이나마 도움이 되기를 희망합니다.

좋은 기회를 주신 경성대 한국한자연구소와 제 부족한 강의를 경청해주신 수강생분들, 그리고 마지막까지 출간에 애써주신 출판사에 깊이 감사드립니다.

차례

발간사   5

머리말   8

제1장 | 들어가며   13

제2장 | 개념은 언어문자와 어떤 관계를 가질까요?   17

제3장 | 한자는 어떤 방식으로 기록될까요?   23

제4장 | 중국어가 발화되는 순서는 어떠할까요?   31

제5장 | 고대중국어와 현대중국어는 다를까요?   43

    5.1. 문자 차이   45

    5.2. 문법 차이   46

    5.3. 어휘 차이   50

제6장 | 고대중국어도 시기를 구분할까요? 53

  6.1. 문법 기준 57

  6.2. 어휘 기준 60

제7장 | 고대중국어 문헌에는 어떤 것이 있을까요? 63

  7.1. 전래문헌 65

  7.2. 출토문헌 67

  7.3. 판본비교 시 사용 가능한 문헌 69

제8장 | 고대중국어에도 품사가 있을까요? 73

  8.1. 언어의 품사 분류 78

  8.2. 고대중국어의 품사 분류 79

  8.3. 고대중국어의 품사활용 85

제9장 | 고대중국어에도 문법이 있을까요? 89

  9.1. 시기별 92

  9.2. 연구주제별 93

  9.3. 문헌별 95

나가는 말 101

제1장

들어가며

현대를 살아가는 우리에게 한자는 어떤 의미가 있을까요? 대학생에게 이 질문을 하면 가장 많이 나오는 대답은 어휘력 증진, 문해력 제고입니다. 맞는 말입니다. 아직까지 우리나라 어휘 중 한자어의 비중이 50-70% 정도이니까요. 그런데 한자를 배우면 이밖에도 쓸모가 있습니다. 한자문화권의 언어와 문자 학습으로 확장될 수 있다는 것이 그것인데요. 한자문화권에 속하는 중국, 일본, 대만, 홍콩 등지에서 한국과 동일한 한자 자형을 사용하는 경우가 많습니다. 비공식 통계에 따르면 중국 대륙의 한자는 60-70%, 일본어의 한자는 85% 정도가 우리나라 한자와 자형이 동일합니다. 대만과 홍콩은 일부 한자를 제외하고는 거의 동일하고요. 뿐만 아니라 한자어 발음도 유사성도 있습니다. 이 때문에 한자를 배워두면 한자문화권의 문자적 소통능력뿐만 아니라 제2외국어 학습에도 도움이 됩니다. 그리고 이는 한지문화권에 사는 사람들의 삶의 모습을 파악하는 기반이 됩니다.

고대중국어 학습은 어떤 이점이 있을까요? 고대중국어는 고대의 중국인들이 사용했던 언어입니다. 그 언어가 고대 문헌에 한자로 기록되어 있고 우리는 그 한자를 보고 당시의 언어를 파악합니다. 고대 중국인들의 언어는 현대의 언어보다 짧고 함축적입니다. 소위 고문이라 불리는 『논어』나 『맹자』 원서와 이의 현대중국어 번역, 한국어 번역서를 비교해 보면 책 두께에서부터 다릅니다. 원서가 가장 얇고 그 다음 현대중국어, 그 다음 한국어 순으로 책이 두꺼워집니다. 동일한 개념을 표현하는데 어떤 언어는 어째서 짧게 표현하고 어떤 언어는 어째서 길게 표현할까요? 짧고 단순해 보이는 고대중국어에는 어떤 비밀이 숨겨져 있을까요?

이 책에는 한자와 고대중국어에 대한 기초적인 이야기가 실려 있습니다. 독자 여러분의 질정을 바랍니다.

제2장

개념은 언어문자와
어떤 관계를 가질까요?

'개념'과 '음성언어', '문자언어'는 언어를 구성하는 3가지 요소입니다. '개념'은 인간 세상에 존재하는 현상이나 표현하고자 하는 대상 등을 의미합니다.[1] '음성언어'는 화자가 음성으로 발화하는 입말이고, '문자언어'는 '개념'이나 '음성언어'를 기록하는 부호입니다.

　음성언어는 인간이라면 모두 가지고 있습니다. 그러나 문자언어는 가지고 있지 않을 수도 있습니다. 2009년부터 인도네시아 찌아찌아족의 언어 교재에 한글이 활용되기 시작했는데요.[2] 찌아찌아족의 교재를 보면 {밥}이라는 개념은 [가께]라는 소리를 내기에 '가께'라는 한글로 적고, {우산}이라는 개념은 [빠우]라는 소리를 내기에 '빠우'라는 한글로 적습니다.[3]

1　페르디낭 드 소쉬르 지음, 샤를 바이·알베르 세슈에 엮음, 최승언 옮김 『일반언어학 강의』, 민음사, 2007, 13-8쪽.

2　찌아찌아족 관련 내용은 유대용(2021) 「해외 한국어교육의 문화적 과제 – 인도네시아 찌아찌아족을 중심으로 –」, 『예술융합연구』 제1권 참고.

3　편의상 개념은 { }로, 음성언어는 [ ]로, 문자언어는 ' '로 표시하겠습니다. 이하 동.

[그림] 찌아찌아족의 한글 사용[4]

　그렇다면 이 개념은 전부 음성언어나 문자언어로 표현될까요? 개념은 관심 여부나 인지 여부에 따라 언어 혹은 문자로 표현되기도, 표현되지 않기도 합니다. 고양이 이야기를 해보겠습니다. 제가 지금은 고양이를 기르는데요. 박사과정생일 때만 해도 저는 고양이에 관심이 없었습니다. 중국 유학 시절, 교정을 걷다 보면 학교 안에 고양이들이 종종 눈에 띄었습니다. 어느 날, 저는 제 지인과 점심식사 후 교정을 걸어 기숙사로 돌아오고 있었습니다. 제 지인은 고양이를 세 마리나 기르던 중이었고요. 그런데 갑자기 이 친구가 너무나 반가운 목소리로 "고양이다!"라고 외치는 거죠. 제가 "어디? 어디?"라고 했더니, 그 친구가 "저기! 저기 있잖아!" 그

4　유대용(2021) 「해외 한국어교육의 문화적 과제 – 인도네시아 찌아찌아족을 중심으로 –」, 『예술융합연구』 제1권, 100쪽 [그림2] 재인용.

러더라고요. 그 친구가 가리키는 수풀 쪽을 봤는데도 전 고양이를 못 찾았고요. 다시 "어디? 어디?" 했더니, 그 친구가 답답해하며 "저기! 저기!" 하더라고요. 저는 고양이를 발견했을까요? 아니요. 저는 그날, 고양이를 끝내 발견하지 못했습니다. 그 친구가 고양이를 발견하고, 힐링하고, 위로받던 그 시간 동안에 말이죠. 이 세상에 존재하는 어떤 구체적이거나 추상적인 개념을 발견하고 인지하는 것은 아무래도 개별 차이가 있는 것 같습니다.

그런데 한 개념을 감각을 통해 발견하고 인지하고, 더 나아가 발화하는 것은 개별성을 넘어서는 것 같습니다. 어떤 언어에서는 구분해서 발화되는 개념이, 다른 언어에서는 통합되어 발화되는 사례를 우리 주변에서 쉽게 찾아볼 수 있거든요. 예를 들어, 우리말에는 '언니', '누나', '오빠', '형', '동생'이라는 표현이 있는데요. 중국어에서는 '언니', '누나'를 '姐姐'로, '오빠'와 '형'을 '哥哥'로 표현합니다. 그렇지만 '동생'은 '여동생'과 '남동생'으로 세분해서 '妹妹'와 '弟弟'라고 표현하고요. 그런데 영어권에서는 이 개념들을 'brother'와 'sister'로 표현을 하죠.

{누나}, {언니}, {여동생}이라는 개념만을 놓고 보면 한국어에서는 '누나', '언니', '여동생'이라는 각기 다른 표현을 사용하지만 영어에서는 이 세 개념을 'sister'라는 한 단어로 표현하고, 중국어에

서는 {언니}, {누나}는 '姐姐'로, {여동생}은 '妹妹'로 표현합니다.

[표] 개념과 언어표현의 상이함

개념	한국어 표현	영어 표현	중국어 표현
{누나}	'누나'	sister	姐姐
{언니}	'언니'	sister	姐姐
{여동생}	'여동생'	sister	妹妹

이렇듯 개념이 음성언어나 문자언어로 표현될 때 반드시 일대일 대응되지는 않는 것 같습니다. 어떤 언어권에서는 여러 개념을 하나로 표현하고, 어떤 언어권에서는 그렇지 않기도 하니 말이죠.

한자에는 3요소라는 것이 있습니다. 자형, 자음, 자의가 그것인데요. 한중일 한자의 자형이 같더라도 그 자의는 어쩌면 완전하게 동일하지 않을지도 모르겠습니다.

제3장

한자는 어떤 방식으로
기록될까요?

인간이 문자를 기록하는 방식은 크게 세 가지입니다. 표음문자, 표의문자, 표의표음문자가 그것인데요. 표음문자는 사물이나 현상을 소리로 표현하는 방식이고 표의문자는 사물이나 현상을 그림형상으로 표현하는 방식이며 표의표음문자는 이 두 가지가 다 사용된 방식입니다. 표음문자 시스템에서는 음성언어의 특정 소리를 특정 부호로 정해놓고 문자를 기록합니다. 우리나라의 한글, 영어의 알파벳, 일본의 가나문자가 여기에 해당되는데요. 현대 사회의 대부분의 언어에서 사용하는 문자기록방식이기도 합니다. 표의문자는 개념을 그림형태로 표현하는 방식입니다. 통상 이집트나 고대의 상형문자가 이에 속합니다. 표의문자는 고대 사회에서 문자가 탄생될 때 주로 사용했던 방식인 것 같습니다. 이집트의 상형문자에서 {남자}를 표현한 글자를 보면 {앉아 있는 남자} 관련 자형이 4개, {서 있는 남자} 관련 자형도 5개라 합니다.[1] 기본 문자의 개수가 상당히 많다는 뜻이죠.

한자도 초창기에는 그림 형식이 많습니다. 아래에서는 한자의 초기 자형과 그 변천을 확인할 때 자주 활용하는 코퍼스를 하

---

1   오문의(2010)「한자와 이집트 상형문자의 의미요소 비교 연구 - 생물과 관련된 주제를 중심으로」,『중국문학』62.

나 소개해드립니다. 대만의 중앙연구원 등에서 만든 '소학당'이라는 사이트입니다.[2] 이 코퍼스는 갑골문, 금문, 전국문자, 『설문해자』에 수록된 소전, 예서체까지 시기별로 자형을 보여 줍니다. 아래 그림에서 '甲'이라 적혀 있는 것이 갑골문, '金'이라 적혀 있는 것이 금문입니다. 그리고 각 자형의 아래쪽에 '商', '西周', '戰國', '秦', '西漢', '東漢'이라 적혀 있는 것은 상, 서주, 전국, 진, 서한, 동한이라는 시기입니다. 보통은 동한 시기 전후 정도까지의 자형이 수록되어 있습니다. 이 사이트에서 검색창에 '足'을 입력하면 아래 [그림]과 같은 자형 변천 과정이 나열됩니다. '足'의 갑골문 자형을 보면 무릎에서부터 발바닥까지의 모양을 상형하고 있고 이 그림 형태가 점차 지금의 해서체로 변화하게 된다는 것을 한눈에 살펴볼 수 있습니다. 이 때문에 {종아리부터 발까지}의 모양을 나타내는 '足'이라는 자형이 그림에서부터 어떻게 해서체로 변천해 왔는지 그 과정을 개략적으로 알아보기에 좋습니다.

---

2   https://xiaoxue.iis.sinica.edu.tw/ '소학당' 사이트는 자형과 자음, 이체자 검색 등 여러 코퍼스를 연결해서 검색해주는 대형 코퍼스입니다.

한자와 고대중국어

甲 2878(甲) 商	燕758(甲) 商	鐵 138.2(甲) 商	足作父丙 鼎(金) 商代晚期	免簋(金) 西周中期
元年師兌 簋(金) 西周晚期	郭.老甲.6 戰國.楚	郭.尊.35 戰國.楚	郭.老甲.2 戰國.楚	說文·足部
睡虎地簡 10.2(隷) 秦	老子甲 20(隷) 西漢	孫臏 135(隷) 西漢	武威醫簡 81(隷) 東漢	魯峻碑 (隷) 東漢

한자는 그림에서 변화되어 왔지만 나중에는 특정 구조를 갖추게 됩니다. 한자가 만들어지는 이러한 원리를 여섯 가지로 분류하고 이를 '육서'라고 명명한 사람이 있습니다. 중국 동한 시기의 허신이라는 사람인데요. 그는 『설문해자』라는 책에서 '상형', '지사', '회의', '형성', '가차', '전주'라는 개념을 정의하고 이를 '육서'라 명명합니다. 아래는 허신의 정의입니다.

(1) 지사는 눈으로 보고 살피면 그 뜻을 알 수 있는 것이다. '上', '下'가 그렇다.

(2) 상형은 사물을 그대로 그리는 것이다. '日', '月'이 그렇다.

(3) 형성은 사물을 의미로 삼고 소리 비유를 통해 완성된 글자이다. '江'과 '河'가 그렇다.

(4) 회의는 종류를 늘어놓고 의미를 조합하여 뜻을 드러내는 것이다. '武'와 '信'이 그렇다.

(5) 가차는 본래 그 글자가 없으나 소리에 의거하여 사항을 의탁하는 것이다. '令'과 '長'이 그렇다.

(6) 전주는 하나의 부수로 분류하고 동일한 의미는 서로 받는 것이다. '考'와 '老'가 그렇다.

그런데 현대 학자들 중심으로 '삼서설'이라는 이론이 제안됩니다. 한자가 만들어지는 원리를 세 가지로 본 것인데요. 이중 치우시구이(裘錫圭) 교수는 『문자학개요(文字學槪要)』라는 책에서 한자의 구성원리를 '표의', '가차', '형성' 세 가지로 보아야 한다고 주장합니다.[3] 즉 기존의 '상형', '지사', '회의'를 '표의'로 묶어서 보

---

3   그는 삼서설을 표의자, 가차자, 형성자로 나눈 후 표의자는 의부자로, 가차자
     는 표음자나 음부자로, 형성자는 반표의-반표음자 혹은 의부-음부자라고 부를
     수 있다고 하였습니다. 치우시구이(裘錫圭) 저, 이홍진 역 『중국 문자학』, 신아

아야 한다는 것이죠. 그의 이런 견해는 꽤 설득력이 있습니다. 왜냐하면 일부 한자의 상형, 지사, 회의 분류는 논란의 여지가 있기 때문이죠.

한자는 탄생 초기에는 상형 비중이 높았지만 후대로 갈 수록 형성 비중이 늘어납니다. 표의문자로 탄생한 문자기록체계가 표의표음방식을 더 많이 사용하게 된 것이죠. 상형문자로 탄생한 다른 문자체계는 어떨까요? 비슷한 추이를 지닐까요? 연구해볼만한 가치가 있을 것 같습니다.

사, 2001, 188쪽 참고.

제4장

중국어가 발화되는
순서는 어떠할까요?

언어유형론에서는 인간이 말을 할 때의 발화 순서를 연구합니다. 한국어와 일본어의 어순은 주어 다음에 목적어, 그 다음에 서술로 그 배열이 같은데 이걸 SOV 어순이라 합니다. 영어와 중국어는 주어 다음에 서술어, 그 다음에 목적어가 놓이는 SVO 어순입니다.[1]

그렇지만 인간은 주어와 목적어, 서술어만으로 소통을 하지는 않습니다. 내가 하고자 하는 말을 자세하고 정확하게, 혹은 나의 감정을 풍부하게 전달하기 위해 수식어를 사용합니다. 수식어의 어순도 SOV 유형의 언어인지, SVO 유형의 언어인지에 따라 달라집니다. 한국어의 경우 SOV 어순을 지니기에 수식어구가 '수식어+피수식어' 어순으로 발화되지만, SVO 유형의 언어는 통상 '피수식어+수식어' 구조로 발화됩니다. 명사 수식 어순을 먼저 보겠습니다. 가령 최근 출간한 어린이 도서인 'The book that no one wanted to read'라는 책 이름을 한국어로 바꾸면 '아무도 읽고 싶어 하지 않는 책'으로 번역됩니다. 영어의 'the book'이라는 피수식어는 'no one wanted to read'이라는 수식어로 수식되어 '피수식어+수식어'의 어순으로 배열됩니다. 그러나 한국어에서는 '아무도 읽고

---

1   여기에서 S는 Subject, O는 Object, V는 Verb입니다.

싫어하지 않는'이라는 수식어가 '책'이라는 피수식어의 앞에 놓여 '수식어+피수식어'의 어순으로 발화되는 것이죠. 동사 수식어도 마찬가지입니다. 영어의 'walk slowly'에서 'slowly'라는 부사어는 'walk'라는 동사를 수식하는 수식어로 '피수식어+수식어' 어순으로 발화됩니다. 그렇지만 한국어에서는 이를 '천천히 걷다', 즉 '수식어+피수식어' 구조로 발화합니다. 그런데 중국어는 SVO 어순 유형이지만 수식어구는 '수식어+피수식어' 어순으로 발화됩니다. 즉 '귀여운 강아지'를 나타내는 '可爱的小狗'라는 표현에서 수식어인 '可爱'가 피수식어인 '小狗' 앞에 놓여있고 '빨리 먹어'를 나타내는 '赶紧吃'라는 표현에서도 수식어인 '赶紧(빨리)'이 피수식어 '吃(먹어)'의 앞에 놓여 있습니다. 마치 한국어와 영어의 어순을 혼합해놓은 느낌입니다.

동사를 수식하는 부사어들 간에도 어순 배열 규칙이 존재합니다. 부사어는 시간, 장소, 양태, 부정 등을 나타냅니다. 아래 예문을 보겠습니다.[2]

---

2   아래 예문 관련 내용과 설명은 손남익(1999) 「국어 부사어와 공기어 제약」, 『한국어학』 6 참조.

한국어 부사 용례
• 시간부사 : 철수가 **오늘** 간다.
• 장소부사 : 철수가 **저리** 간다.
• 정도부사 : 철수가 **너무** 예쁘다.
• 부정부사 : 철수가 **안** 간다.

'오늘 간다'의 '오늘'은 시간을, '저리 간다'의 '저리'는 장소를
나타냅니다. '너무 예쁘다'의 '너무'는 정도를, '안 간다'의 '안'은
부정을 나타냅니다. 그런데 이 부사어들 사이에도 어순 선호도가
있습니다.[3] 시간부사어와 장소부사어를 예로 설명드려 보겠습니다.

(1) 영어 : I'm going to Paris on Monday.

(2) 한국어 : 영희는 어제 **명동에서** 친구들과 영화를 **보았다.**[4]

(3) 현대중국어 : 昨天和女友在影院看电影。

---

3   Guglielmo Cinque라는 이탈리아의 언어학자가 언어간 부사의 어순을 연
     구해서 어순배열 규칙을 발견했는데 참고할 만합니다. Cinque, G. 1999.
     『Adverbs and functional heads: A cross-linguistic perspective』. New
     York Oxford : Oxford University Press.

4   예문 중 (1)과 (2)는 최명원(2011) 「언어유형별 시간-장소 부사적 구문 어순에
     관한 비교 연구」, 『독어학』 24에서 재인용.

(1)의 'on Monday'는 시간을 나타내는 부사어이고 'to Paris'는 장소부사어입니다. 그리고 이들은 'go'라는 동사의 뒤에 놓여 있습니다. '동사+장소부사어+시간부사어'의 순서로 말이죠. (2)의 '어제'는 시간부사어이고 '명동에서'는 장소부사어입니다. 이들은 '보다'라는 동사의 앞에서 '시간부사어+장소부사어+동사'의 순서로 배열되어 있습니다. 규칙성이 보이시나요? 하나 더 보겠습니다. (3)은 '어제 여자친구와 영화관에서 영화를 보았다.'는 뜻으로 '昨天(어제)'은 시간부사어, '在影院(영화관에서)'는 장소부사어입니다. 그리고 이들은 '看(보다)'의 앞에서 '시간부사어+장소부사어+동사'의 순서로 배열됩니다. 영어든, 한국어든, 현대중국어든 상관없이 '장소부사어'는 동사와 좀 더 가깝게 놓으려 하는 것을 알 수 있습니다. 그런데 이런 현상은 고대중국어에도 있습니다.

(4) 고대중국어 : 夏五月, 楚師將去宋.『좌전·선공15년』

위 예문은 『좌전』에 수록된 예문입니다. 여름 5월에 초나라 군대가 송나라를 떠나려 했다는 뜻이죠. (4)에서 시간부사어는 '夏五月(여름 5월)', 장소를 나타내는 단어는 '宋(송나라)'인데 이들은 '去(가다)'라는 동사의 앞뒤에 놓여 '시간부사어+동사+장소'의 어순으로 배열됩니다. 여기에서 송나라라는 장소와 '떠나다'라는 동사는 가깝게 붙어 있고 시간을 나타내는 '여름 5월'은 상대적으로 동사와 먼 위치에 배열되어 있습니다. 이를 통해 핵심 성분인 동사하고 장소를 나타내는 표현이 시간 표현보다는 가까운 거리에 놓인다는 것을 알 수 있습니다.

이렇듯 중국어를 포함한 언어에는 어순 규칙이라는 것이 존재합니다. 그렇다면 중국어의 어순은 고대와 현대에서 동일한 모습을 유지하고 있을까요? 중국어의 어순에 대해서 어순 변화에 동의하는 학자와 그렇지 않은 학자로 나뉩니다. 우선 동의하는 학자들의 견해는 다시 내재적으로 변화한다는 주장과 언어접촉에 의해 변화했다는 주장 두 가지로 세분되는데요. 아래에서 하나씩 살펴보겠습니다.[5]

---

[5] '변화설'과 '불변설' 어순에 관한 선행연구는 박정구(2006)「중국어 어순 유형론 연구의 성과와 전망」, 『중국학보』 54를 참고해서 요약했습니다.

[표] 중국어 어순 관련 기존 견해

구분	주장들
변화설	(1) 내재적 변화 : 선고대중국어 SOV → 고대중국어 SVO → 현대중국어 SOV로 변화 중 (2) 언어접촉에 의한 변화 : 상고중국어 SVO → 현대중국어 SOV로 변화 중
불변설	(3) 시종일관 SVO 유지

첫째, 우선 중국어의 어순이 내재적인 변화를 겪는다는 주장인데요. 고대중국어가 기본적으로 SVO 어순을 지닌다는 것에는 다들 동의합니다. 그런데 Li & Thompson(1974)이라는 학자는 중국어가 아주 오래전에는 SOV였다가 고대중국어에서 SVO로 바뀌었고 다시 현대중국어에서 SOV로 변화하는 중이라고 주장합니다.[6] 둘째, 중국어의 어순이 변화하는 것은 맞지만 언어접촉에 의해 변화한다고 주장하는 견해입니다. Hashimoto(1975)와 Tai(1973, 1976)라는 학자는 상고중국어에서는 SVO였다가 현대중국어에서 SOV로 변화 중이라고 주장하는데요. 그 이유로 언어접촉에 의한 변화, 즉 북방의 알타이어나 남방의 타이어가 확산되어 중국어

---

6   그 이유로 (1) 전치사구의 VO 앞으로 이동, (2) '把'자문의 출현, (3) 피동형식의 VO 앞으로의 이동, (4) 후치사와 동사접미사의 출현 등을 제시했습니다.

한자와 고대중국어

에도 영향을 주었다고 봅니다.[7] 셋째, 중국어의 어순은 시종일관 SVO로 한번도 변하지 않았다고 주장하는 견해인데요. Li, Meng-Chen(1979)과 메이광(梅廣) 교수 등이 이러한 견해를 견지합니다. 그 이유로, 중국어가 VO 어순의 특징을 명확하게 유지해오고 있다는 점을 들고 있습니다.[8]

사실, 중국어의 어순 문제를 다룰 때 자주 등장하는 세 가지 문제가 있습니다. 목적어 전치 현상, 명사구의 수식어, 동사구의 수식어가 그것입니다. 아래에서는 이에 대해 각각 설명하겠습니다. 첫째는 목적어 전치 현상인데요. 고대중국어 자료를 보면 목적어가 VO 말고 OV 어순을 따라 배열되는 경우들이 있습니다. 보통 대명사가 부정문이나 의문문에 사용될 경우 그렇습니다.[9] 이런 현상을 보고 상고중국어 시기 훨씬 이전 시기에 OV어순을 따라 배열되던 흔적이 남아서 그렇다고 학계에서는 주장하기도 합니다.

---

7   그는 중국어 전체가 '수식어+명사' 구조를 따르는 것은 아닌데 일례로 '명사+수식어' 구조가 남방방언에 다수 존재한다고 언급합니다.

8   Li, Meng-Chen(1979)에서는 전치사 사용, 명사와 동사의 수식어는 앞에 놓이지만 조동사는 동사에 선행하는 구조 등이 그러하다고 주장합니다. 또한 메이광 교수는 VO어순이 OV어순으로 변화하는 것이 아니라 중국어 자체가 복문구조를 선호하다가 단문구조로 변화하고 있는 것이라 언급합니다.

9   백은희(2019) 「정보구조 관점에서 본 선진시기 중국어 논항 구조의 어순」, 『언어와정보사회』 36 참고.

둘째는 명사구의 수식인데요. 위에서 언급했듯이 언어유형론의 관찰에 따르면 OV언어에서는 보통 '수식어+피수식어' 구조를, VO언어에서는 '피수식어+수식어' 구조를 따릅니다. 그런데 이 두 수식구조의 어순이 고대중국어에는 모두 존재합니다. 그중 '수식어+피수식어' 구조가 상용되는데요.[10] '피수식어+수식어'의 어순을 따르는 경우도 잔존하는 등 고대중국어에서는 OV어순과 VO어순의 특징이 공존하고 있다는 것이죠. 마지막으로 동사구의 수식인데요. 앞서 살펴보았지만 현대중국어에서 동사구는 통상 동사 앞에 부사어가 놓이는 방식으로 '부사어+동사', 즉 '수식어+피수식어'의 어순을 지닙니다. '在食堂吃饭(식당에서 밥을 먹다)'에서 '식당에서'라는 의미를 지닌 '在食堂'이 '밥을 먹다'라는 동사구인 '吃饭'을 수식하는 구조이죠. 그런데 고대중국어에서는 어순이 이와 다릅니다. '受命於廟(조정에서 명을 받다)'는 '명을 받다'라는 의미의 동사구인 '受命'이 '조정에서'를 나타내는 '於廟'의 앞에 놓여있는 '동사구+전치사구', 즉 '피수식어+수식어' 구조를 지닙니다. 고대와 현대의 어순이 달라지는 건데요. 이를 상고중국어 시기에는

---

10 '피수식어+수식어' 구조의 용례는 박정구(2006) 「중국어 어순 유형론 연구의 성과와 전망」, 『중국학보』 54 참고.

'동사구+전치사구'의 어순이 상용되다가 '전치사구+동사구'로 점차 변화하여 현대중국어에 이른다고 보기도 합니다.

　이렇듯 고대중국어와 현대중국어에 어순 차이가 존재하는 것을 보면 어순 변화설도 설득력 있어 보입니다.

제5장

고대중국어와
현대중국어는 다를까요?

고대중국어와 현대중국어는 문자, 문법, 어휘 등에서 차이를 지니는데요. '변화'의 시각에서 이를 살펴보겠습니다.

5.1. 문자 차이

우선 문자 차이를 보겠습니다. 고대 한자와 현대 한자는 자형이 일부는 같지만, 일부는 다릅니다. 아래 『논어』의 '학이시습지'로 시작되는 구절을 대상으로 현대 한자가 고대 한자와 다른 점을 설명하겠습니다.

(1)　a. 子曰 : 學而時習之, 不亦說乎 ?
　　　b. 子曰 : 学而时习之, 不亦说乎 ?

위 구절의 (1a)는 전통 한자이고 (1b)는 이를 현대중국어에서 사용되는 한자로 변환한 것입니다. 이 구절에는 총 11글자가 사용되는데 그중 '學', '時', '習', '說'라는 네 글자만 다르고 다른 글자들은 고대와 현대의 자형이 동일합니다. 전체의 36%만 자형이 다르고 나머지 64%는 동일한 자형을 사용하는 셈인데요. 이렇게 변하지 않은 자형인 '子', '曰', '而', '之', '不', '亦', '乎' 등을 '전승자'라고 부릅니다. '學', '時', '習', '說'는 '学', '时', '习', '说'로 간략화 되는데요. 이런 자형을 '간화자'라 부릅니다. '전승자'와 '간화자'를 합쳐서 '규범한자'라고 칭하고요. 규범한자란 「간화자총표(简化字总表)」와 「통용규범한자표(通用规范汉字表)」에서 공식으로 공표된 간화자와 전승자를 의미하는데요. 중국에서는 1964년과 1986년에 걸쳐 「간화자총표」를 공표하고 수정합니다. 그 이후 2001년에 「중화인민공화국 국가통용언어문자법」에서 '규범한자'에 대해 정의한 후 2013년 「통용규범한자표」를 8,105자(상용 3,500) 공표했고요. '전승자'는 전통한자를 기본적으로 계승했지만 '간화자'는 간략화된 자형입니다. 이 간략화된 자형은 전통한자에서 사용된 정자체와는 구분되는 경우가 많습니다. 그래서 현대한자와 고대한자가 완전히 동일하지는 않은 것입니다.

5.2. 문법 차이

그 다음으로 문법 차이입니다. 이를 설명하기 위해 『국어』라는 책에 나오는 예문을 보시겠습니다.

(2)   a. 王至自鄭.

　　　b. 国王从郑国回来。

(2)는 '왕이 정나라에서 본국으로 귀국했다'는 뜻의 예문인데요. (2a)는 원문이고 (2b)는 이를 현대중국어로 번역한 것입니다. 이 두 문장의 문법 구조는 다릅니다. '정나라에서'라는 표현인 '自鄭'이 '从郑国'으로 바뀌고 '自'라는 개사가 '从'으로 바뀐 것이 그것인데요. '自'라는 개사의 기점을 나타내는 기능을 '从'이라는 개사가 이어받은 것이죠. 허사인 '自'가 어떤 기능으로 언제까지 사용되고 '从'은 언제 탄생해 어떤 기능으로 사용되는지 등이 문법 영역에서 다뤄지는 내용입니다. 이해하기 쉽도록 문법 영역에서 다뤄지는 연구를 사례를 통해 설명해 보겠습니다.

(1) 품사 변화를 다룹니다. 가령 고대중국어에서 상용되던 '于' 등의 전치사는 한대 이후에 점진적으로 '在', '到', '給', '從' 등으로 대체됩니다.[1]

(2) 구구조도 다릅니다. 가령 전치사구를 예로 들어보겠습니

1　전치사의 변화 관련 내용은 메이광 저, 박정구·백은희·조은정 역 『고대중국어 문법론』, 한국문화사, 2020, 제8장 참고.

다. 전치사구는 나중에 환치사구 형식으로 변합니다. 즉 방위사를 사용하지 않다가 사용하는 것으로 변화하는 것이죠. '전치사+명사구'는 전치사구, '명사구+후치사'는 후치사구, '전치사+명사구+후치사' 구조는 환치사구라 부릅니다.[2] 이러한 환치사구의 사용은 방위사의 탄생과 연관되어 있습니다. 고대중국어, 특히 상고중국어 시기에는 환치사구를 거의 사용하지 않지만 현대중국어에서는 환치사구가 고대보다는 상용됩니다. 가령 선진시기 문헌인 『좌전』에서는 '종묘에서 명을 받는다'는 뜻의 표현을 '受命於廟'라고 하는데요. '종묘에서'에 해당하는 '於廟'는 '전치사+명사' 구조로 명사 뒤에 방위사 성분이 덧붙여지지 않습니다. 그렇지만 한대 이후에는 방위사를 덧붙여 표현하기 시작합니다. 가령 '周鼎亡在泗水中.(주나라의 정이 사수에 빠졌다.)'라는 표현에서 '사수에'라는 처소를 나타내는 표현에 '中'이라는 방위사가 붙기 시작하는 것이 그 사례입니다.

(3) 문형의 변화도 다릅니다. 가령 피동문을 보면 고대중국어에

---

2   환치사구 관련 연구는 劉丹靑, 「漢語中的框式介詞」, 『當代語言學』第4期, 2002 참조.

서 '조나라에 의해 포위당하다'라는 표현은 '被圍於趙', '被+
동사+於+주어'의 형식으로 사용됩니다. 그런데 현대중국어
에서 피동문 형식은 '목적어+被+주어+동사', 즉 '苹果被我
吃了(사과는 내가 먹었다)' 등으로 다른 문형으로 사용됩니다.

(4) 문장 구조도 다릅니다. 고대중국어는 연속동사문과 병렬구
조가 상용되는데 이 형식이 후대로 갈수록 보어구조와 사
역문, 겸어문, 종속구조의 형식으로 변합니다. 예를 들어 선
진시기에 '使拜之'라고 하면 '동사+동사+목적어' 형식으로
'(신하를) 파견해서 상대를 알현하다'의 의미를 지니고 있습
니다. 여기에서의 '使'는 동사입니다. 그런데 사역문이 탄생
된 이후에 '使拜之'는 '使+동사+목적어'로 '그로 하여금 알
현하게 하다'라는 사역의미를 지니게 됩니다. 또 다른 예
로, '擊敗之'에서 '擊敗'는 상고중국어 시기에는 '동사+동사'
구조로 '공격하고 패했다'로 풀이해야 합니다. 그러나 동보
구조가 탄생한 동한 이후에 이 구조는 '동사+결과보어', 즉
'공격해서 결과적으로 패했다'로 풀이해야 합니다.

이렇게 문법적으로 보아도 품사와 구구조, 문형, 문장 구조 등
에 있어 현대중국어와 고대중국어는 차이가 존재합니다.

5.3. 어휘 차이

어휘 차이도 있습니다. 앞서 언급된 예(2)를 다시 보시면 '王'이 '国王'으로, '鄭'이 '郑国'으로 바뀐 것을 손쉽게 발견할 수 있습니다. 이러한 어휘의 변화는 동한 이후에 집중적으로 발생합니다. 소위 동한 이후부터 위진남북조 시기에 복합어 급증, 명사중첩으로 양적 표현 가능 등의 특징이 있다고 보고 있습니다.[3]

어휘가 종합적 성격에서 분석적 성격으로 변화하고 있다는 연구도 있는데요. 아래 두 가지 측면의 연구가 있습니다.

첫째, 어휘구조가 변화한다는 견해입니다. {머리를 감다}라는 뜻이 예전에는 '沐(목)'이라는 한 글자로 표현되었지만 현대에는 '洗发'로 변화한다는 것이 그것입니다. 또 {성을 쌓다}라는 뜻이 '城(성)'이라는 한 글자로 표현 가능하다가 '筑城(축성)'으로 분석적으로 변한다는 것도 이에 속합니다.

둘째, 의미관계가 무표지에서 유표지로 변화한다는 건데요. 예를 들어 {나라를 위해 죽다}라는 뜻을 상고중국어 시기에는 '死国'

---

3   魏培泉(2003)「上古漢語到中古漢語語法的重要發展」,『古今通塞: 漢語的歷史發展』, 臺北: 中央研究院語言學研究所 참고.

한자와 고대중국어

이라고 '동사+명사' 구조로 표현했다가 후대에 '为'라는 표지를 사용해 '为国死'라고 표현한다는 것이 그것입니다. {이매라는 사람이 피살당하다}라는 피동 의미를 의미관계인 '李枚诛'라고 표현하다가 나중에 '被'라는 문법표지를 사용해 '李枚被诛'라고 표현한다는 것이 그것입니다.

이렇듯 현대중국어와 고대중국어는 문자, 문법, 어휘 모든 측면에서 차이를 보이는데요. 사실 이중 가장 활발하게 진행되는 연구 영역은 문법입니다.

제6장

고대중국어도
시기를 구분할까요?

하나의 언어는 시기별로 그 모습이 다릅니다. 이 때문에 언어 연구자들은 보통 시기를 나누어서 봅니다. 중국어만 시기를 나누는 게 아니고 국어, 외국어 모두 시기 구분을 합니다.

우선 국어를 보자면 학자별로 좀 더 다양하게 시대구분을 하는 것 같습니다. 어떤 학자는 고대, 중세, 근대, 현대로 나누어서 봅니다. 어떤 학자는 고대를 상고와 중고로 나누기도 하고, 어떤 학자는 고대와 중세의 사이에 중고라는 시대를 추가하기도 합니다. 그리고 구체적인 시기도 학자별로 차이를 보입니다.[1] 전반적으로 고대, 중세, 근대, 현대로 나누는 것에 큰 이견은 없어보입니다.

영어나 러시아어, 독일어도 시기를 구분합니다. 기존 연구를 살펴보면 영어와 러시아어, 독일어는 전부 기원전이 아닌 기원후부터 시기를 나눈다는 사실을 알 수 있습니다. 영어는 고영어, 중고영어, 현대영어로, 러시아어는 슬라브어, 동슬라브어, 고대러시아어, 현대러시아어로, 독일어는 중고독일어, 근대독일어, 현대독일어로 나뉜다 합니다. 물론 학자별로 시기를 더 세분화해서 보기도 하는 것 같습니다. 즉 전세계 언어들이 전반적으로 다 시기를 구

---

1   국어 시대 구분 관련 선행연구 종합은 장윤희(2019) 「한국어사의 시대 구분 무엇이 문제인가」, 『국어사연구』 29 참고.

분하는 경향이 있다고 정리해볼 수 있겠습니다.

[표] 언어별 시기 구분[2]

언어	시기 구분			
영어	AD 450-1150	1150-1450	1450-1750	1750-
	고영어	중고영어	현대영어(초기)	현대영어
러시아어	AD 1-6세기	7-12세기	12-17세기	18세기-
	슬라브어	동슬라브어	고대러시아어	현대러시아어
독일어	AD 5-18세기	15-20세기 중엽	20세기 중엽-	
	중고독일어	근대독일어	현대독일어	

중국어도 시기 구분을 합니다. 시기 구분은 문법, 어휘, 음운에 따라 조금씩 차이가 있습니다. 대체로 문법과 어휘는 비슷하게 시기 구분을 하고 음운은 다릅니다. 이 장절에서는 고대중국어의 시기 구분을 문법 기준과 어휘 기준으로 나누어 말씀드리겠습니다.

---

2   영어, 러시아어, 독일어 시기 구분 관련 내용은 郭錫良(2013)「漢語史的分期問題」,『語文研究』第4期 참고.

6.1. 문법 기준

우선 문법을 기준으로 하는 시기 구분을 보시겠습니다. 보통 청나라를 기준으로 그 이전을 고대중국어 시기로, 그 이후를 현대중국어 시기로 보는 의견이 하나 있고, 당나라를 기준으로 고대와 현대를 구분하는 견해도 있습니다. 청나라를 기준으로 고대와 현대를 구분하여 고대를 다시 상고, 중고, 근대로 나누는 것은 왕리(王力)라는 학자의 견해이고, 당나라를 기준으로 고대와 현대를 구분하는 것은 뤼수샹(呂叔湘)이라는 학자의 견해입니다. 뤼수샹의 견해도 일리는 있습니다. 당 이후의 근대중국어는 현대중국어의 전신이라고 볼 수 있을 정도로 당 이전과 이후가 언어가 크게 달라지기 때문입니다. 이 때문에 현대중국어 연구자들은 현대중국어 언어 현상의 기원을 추적할 때 근대중국어 시기까지 주목하기도 합니다. 하지만 현재 학계에서는 왕리의 견해를 따르는 추세입니다. 고대중국어 시기를 상고, 중고, 근대로 세분해서 보는 것이죠. 상고중국어 시기는 통상 상대부터 서한까지이고, 중고중국어 시기는 동한부터 당대(당후기-오대)까지입니다. 근대중국어 시기는 그 이후부터 청대까지입니다. 최근에는 상고중국어 시기도 초기, 중기, 후기로 나누어서 보는 경향이 있고요. 상-서주까지를 초

기로, 춘추전국을 중기로, 전국 후기부터 서한까지를 후기로 봅니다.[3]

[그림] 중국어 시기 구분 : 문법 기준

고대중국어			현대중국어
상 – 서한	동한 – 당 초중기	당 후기 – 청	현대
상고중국어	중고중국어	근대중국어	현대중국어

이렇게 시기를 나누는 이유는 각 시기별 중국어의 특징에 차이가 있기 때문입니다. 가령, 상고중국어는 현대중국어와는 달리 판단문에서 '是'라는 계사를 사용하지 않고 주제문 형식으로 판단을 표현합니다. 또한 의문문에서도 대명사목적어가 동사의 앞에 놓이는, VO 어순에 부합하지 않는 현상이 존재하고요. 중고중국어는 판단문에서 '是'라는 계사를 반드시 사용해야 하는 것으로 변하고, '把'자 구문, 즉 처치식이 탄생합니다. 피동문을 표현할 때 '被'자를 상용하게 되고 현대중국어에서 상용되는 조사 '了'과 '着'

---

3   예시는 董志翹(2011) 「漢語史的分期與20世紀前的中古漢語詞彙研究」, 『合肥師范學院學報』 第1期 참고.

한자와 고대중국어

가 이 시기에 탄생합니다.[4] 상고중국어의 언어 현상은 중고중국어 시기까지는 이어지기도 합니다. 중고중국어 시기는 상고중국어와 근대중국어의 과도기적 언어현상을 보여주는 시기로 최근에 관련 연구가 조금씩 증가하고 있습니다. 하지만 수적으로는 근대중국어 연구성과에 훨씬 못 미칩니다. 사실, 초창기에는 상고중국어 시기의 문헌 연구가 주를 이뤘습니다. 우리가 소위 선진이라 부르는 시기죠. 그런데 북경대학의 장샤오위(蔣紹愚) 교수가 1990년대부터 근대중국어 영역을 개척하기 시작하였고 그 이후로 상고중국어 연구는 소강 상태로 접어들고 근대중국어 영역에 대한 연구가 점차 활발해지고 있습니다. 최근에는 소수이기는 하지만 중고중국어 시기에도 관심을 가지는 추세입니다. 여기에 더해서 상대 언어를 주대언어와 구분해서 보자는 견해도 제안되고 있습니다. 상대의 갑골문의 언어현상과 서주 이후의 언어현상이 차이가 존재하기 때문입니다.[5]

---

4   洪波·王雪燕(2021)「語言接觸視角下的上古漢語形態句法問題——兼論"也""矣"的來源」,『古漢語研究』第1期. 郭錫良(2013)「漢語史的分期問題」,『語文研究』第4期 참고.

5   이렇게 구분해서 보자는 이유는 무엇일까요? 언어 사용이 달라지기 때문입니다. 문법이 달라지고, 상용 어휘도 달라집니다. 예를 들면, 상대의 갑골문에는 문미어기사, 의문대명사, 상태형용사, 명사술어문 모두 존재하지 않지만 주대

여기까지 문법적인 시각에서의 시기 구분 관련된 논의였습니다.

6.2. 어휘 기준

그 다음으로 어휘 기준입니다. 어휘를 기준으로 보면 중고중국어 시기에 많은 변화가 일어납니다. 중고중국어 시기의 어휘 변화와 관련해서 팡이신(方一新)의 견해가 참고할만합니다. 그는 다음과 같은 점을 지적합니다.

첫째, 문언과 백화의 차이가 두드러지며 초기 백화작품에 구어 어휘가 다량 증가합니다. 상고중국어의 공자왈, 맹자왈 했던 그 문언문들이 중고중국어 이후에는 사람들이 일상생활에서 점차 사용하지 않는 말이 되어가는 겁니다. 그래서 문언과 백화에 격차가 벌어지기 시작하는 시기가 중고중국어 시기입니다. 그리고 초

이후의 언어에는 존재하고, 상대의 갑골문에서는 지시사가 '玆'와 '之'가 상용되지만 주대 이후에는 '其', '此', '斯', '是', '彼', '夫', '莫', '爾', '若', '然' 등 다양한 지시사를 사용하는 것 등이 그러합니다. 상대 언어와 주대 언어의 차이에 주목한 연구는 국내연구로는 백은희·류동춘 「상주시기 부치사구 어순과 기능의 변화 양상」(『중국학보』 81권, 2017), 해외연구로는 洪波·王雪燕의 「語言接觸視角下的上古漢語形態句法問題——兼論"也""矣"的來源」(『古漢語硏究』 第1期, 2021)이 참고 할 만합니다.

한자와 고대중국어

기 백화 작품들을 보면 구어 어휘가 다량으로 증가하고 있다고 했는데요. 동일한 개념일지라도 상고중국어시기에 사용했던 단어가 아닌 새로운 단어로 표현하기 시작했다는 뜻입니다.

둘째, 기존 개념을 새로운 어휘로 표현하기 시작하고 이음절화가 상용되며 한 어휘에 새로운 의미항들이 추가되기 시작합니다. 하나의 어휘가 새롭게 이음절 형식으로 만들어지고 난 다음에 새로운 의미항들이 다수 추가되기 시작한다는 뜻입니다. 예를 들면 앞서 언급했던 {성을 쌓다}라는 개념이 상고중국어 시기에는 '城(성)'이라는 한 글자로 표현되었지만 중고중국어 시기에는 '築城(축성)'이라는 새로운 단어로 표현되는 것이 그것입니다. 이렇게 이음절이 상용화되기 시작합니다.

셋째, 기본 상용어휘가 변화하기 시작하며 새로운 어휘와 기존 어휘 공존 후 새로운 이휘로 교체됩니다. 상고중국어 시기에 자주 사용되었던 단어들을 더 이상 사용하지 않고 새로운 어휘를 사용하기 시작한다는 뜻입니다. 보통 새로운 단어가 탄생하게 되면 새로운 어휘와 기존 어휘가 공존하는 과도기가 존재하다가 새로운 어휘로 대체되어 갑니다. 문법에도 이런 현상이 자주 보이는데요. 기존 문법 현상과 새로운 문법 현상이 공존하다가 기존 것이 사그라들고 새로운 게 살아남고 합니다. 어휘에서도 마찬가지로 기존에 사용됐던 어휘와 새롭게 만들어진 어휘가 공존하는 시기가 있다가 기존 것이 소멸하면서 새로운 어휘로 대체되는 현상들이 보이는 거죠.

넷째, 조어법에 변화 시작되어 접미사를 사용한 이음절어가 다량 출현합니다. 예를 들어 '椅子(의자)'라는 단어에는 접미사 '子'가 붙어 있습니다. 여기에서 '子'는 원래 한자 의미인 '아이', '아들'이라는 의미를 나타내지 못하는 접미사 성분입니다. 그래서 어휘를 기준으로 할 때 중고중국어 시기는 매우 중요한 시기라 할 수 있습니다.[6]

이상 중국어의 시기 구분과 관련한 내용이었습니다.

---

6   이상 方一新(2004)「從中古詞匯的特點看漢語史的分期」,『漢語史學報』第4輯 참고.

한자와 고대중국어

제7장

고대중국어 문헌에는
어떤 것이 있을까요?

아래에서는 고대중국어 연구 시 주로 사용하는 문헌과 코퍼스를 소개해드리겠습니다.

7.1. 전래문헌

고대중국어 연구 문헌은 시기별로 중요하게 여기는 문헌들이 다릅니다. 전해져 내려오는 문헌을 전래문헌이라 하는데요. 상고중국어 시기는 서주시기 『상서』, 춘추시기 『시경』, 『좌전』, 전국시기 『맹자』, 『국어』, 『노자』, 『장자』, 『논어』, 『춘추』 등이 있고요. 서한시기의 문헌은 『사기』를 주로 봅니다. 중고중국어 시기는 입말을 담은 문헌들을 주로 연구하는데요. 동한시기의 『논형』, 그 이후의 『세설신어』, 『낙양가람기』, 『수신기』를 주로 봅니다. 근대중국어 시기의 문헌은 『조당집』, 『수호전』, 『서유기』, 『홍루몽』, 『유림외사』, 『박통사』, 『노걸대』 등이 연구대상으로 주로 선정됩니다. 『박통사』, 『노걸대』는 특히 우리나라에서 출간된 중국어 교재인데다 판본이 시기별로 존재해서 우리나라에서 연구가 활발한 편입니다.

전래문헌 검색 시 참고할 만한 코퍼스는 다음과 같습니다. 아래 코퍼스는 모두 대만의 중앙연구원 언어연구소에서 제작한 것으로 품사 구분이 되어 있어 검색이 용이하다는 장점이 있습니다.

전래문헌 검색 코퍼스
상고중국어 문헌 http://lingcorpus.iis.sinica.edu.tw/ancient/ 중고중국어 문헌 http://lingcorpus.iis.sinica.edu.tw/middle/ 근대중국어 문헌 http://lingcorpus.iis.sinica.edu.tw/early/

이 코퍼스에는 상고중국어 문헌으로 '상서, 시경, 주역, 의례, 좌전, 국어, 논어, 맹자, 묵자, 노자, 장자, 순자, 한비자, 여씨춘추, 전국책, 관자, 안자, 상군서, 손자, 오자, 위료, 육도, 사마법, 신자, 공손용자, 갈관자, 주례, 예기, 대대예기, 효경, 춘추공양전, 춘추곡량전, 한시외전, 문자, 사기, 신서, 신어, 춘추번로, 회남자, 신서, 설원, 열녀전, 염철론, 일주서, 공자가어, 귀곡자, 윤문자, 목천자전, 열자집석, 관윤자, 마왕퇴한묘백서, 수호지진묘죽간' 등 60여 종의 문헌이 수록되어 있습니다.

중고중국어 문헌으로는 '포박자, 세설신어, 제민요술, 수신기, 낙양가람기, 안씨가훈, 백유경, 현우경' 등 문헌 외에도 이 시기의 불경자료들(장아함십보법경, 불설인본욕생경, 불설일절류섭수인경, 사체경, 불설본상의치경, 인연경, 음지입경, 선행법상경, 도지경, 불설법수진경, 아비담오법행경, 아문불국경, 유일마니보경, 반주삼매경 등)을 포함해 총 70여종의 문헌이 수록되어 있습니다.

근대중국어 문헌으로는 '돈황변문, 조당집, 주자어류, 유림외사, 홍루몽, 서유기, 금병매, 수호전, 평요전, 원 잡극, 노걸대, 박통사' 등 20여종의 문헌이 수록되어 있습니다.

이 외에도 전문을 참고하고 싶을 때는 아래 코퍼스를 참고 가능합니다. 그중 동양고전종합DB와 한국고전종합DB는 한국어 번역이 되어 있어 이야기의 맥락을 파악하기에 좋습니다.

고문헌 전문 검색 코퍼스
중국문헌 전문 https://ctext.org/ 동양고전종합DB https://db.cyberseodang.or.kr/ 한국고전종합DB https://db.itkc.or.kr/

7.2. 출토문헌

땅 속에서 발굴되거나 동굴에서 발견된 그 당시의 필사본 문헌을 출토문헌이라 부르는데요. 최근에는 출토문헌을 연구범위에 포함시키는 분위기입니다. 고대중국어 문법 연구에서도 예전에는 전래문헌을 주 연구범위로 삼았지만 최근에는 출토문헌으로 그 범위를 넓히고 있습니다. 주로 상고중국어 시기의 출토문헌이 주 연구범위가 되는데요. 상대의 갑골문, 서주시기의 금문, 춘추전국 시기와 진한시기의 죽간과 백서본이 연구범위입니다. 간헐적으로 한대와 당대의 석경이나 돈황지역에서 발견된 당대 종이 필사본 이 연구되기도 합니다.

고대중국어 문법 연구에서 자주 활용되는 문헌은 다음과 같습 니다.

구분	참고 가능 저서
자전류	于省吾主編『甲骨文字詁林』, 北京: 中華書局, 1996. 張世超 金國泰等編『金文形義通解』, 京都: 中文出版社, 1996. 何琳儀『戰國古文字典――戰國文字聲系』, 北京: 中華書局, 1998. 宗福邦主編『故訓匯纂』, 北京: 商務印書館, 2003.
출토자료	郭沫若 等『甲骨文合集』, 北京: 中華書局, 1982. 中國社會科學院考古研究所 編, 『殷周金文集成』(修訂增補本), 北京: 中華書局, 2007. 荊門市博物館編, 『郭店楚墓竹簡』, 北京: 文物出版社, 1998. 馬承源主編, 『上海博物館藏戰國楚竹書』(9冊), 上海: 上海古籍出版社, 2001-2012. 睡虎地秦墓竹簡整理小組, 『睡虎地秦墓竹簡』, 北京: 文物出版社, 1990. 馬王堆漢墓帛書整理小組, 『馬王堆漢墓帛書(壹)』, 北京: 文物出版社, 1974.

한자와 고대중국어

그중 금문 자료의 원문이나 문맥을 보려면 대만 중앙연구원의 아래 코퍼스를 활용 가능합니다. 아래 사이트에는 청동기의 모양 사진과 탁본, 명문에 수록된 자형을 예정한 자료뿐만 아니라 해당 청동기 관련 정보도 수록되어 있어 연구 시 참고하기 좋습니다. 다만, 중앙연구원에 회원가입을 요청하여 아이디를 획득 후 검색 가능합니다.

청동기 명문 검색 코퍼스
상주 청동기 검색 https://www.ihp.sinica.edu.tw/~bronze/

7.3. 판본비교 시 사용 가능한 문헌

판본비교법은 하나의 문헌이 여러 판본을 지니고 있을 때 사용 가능한 연구방법입니다. 아래 표를 보면 『예기·치의』, 『노자』, 『오행』, 『전국책』, 『논어』, 『주역』, 『시경』은 여러 판본들이 존재하기에 이와 관련된 시기별 비교 연구를 진행 가능합니다.

판본비교법이 가능한 문헌들						
구분	전국	진-서한	동한	위진	당	청
『예기 · 치의』	곽점간 상박간	–	–	–	돈황본 당석경	완원본
『노자』	곽점간	마왕퇴백서 북대간	하상공본	왕필본	돈황본	–
『오행』	곽점간	마왕퇴백서	–	–	–	–
『전국종횡 가서』	–	마왕퇴백서 『사기』 『전국책』	–	–	–	–
『논어』	–	정주한간	희평석경	『논어집해』 『논어의소』	돈황본 당석경	완원본
『주역』	상박간	마왕퇴백서 부양한간	–	–	돈황본 당석경	완원본
『시경』	상박간	부양한간	–	–	돈황본 당석경	완원본

판본을 비교하면 재미있는 현상을 발견할 수 있습니다. 아래 『노자』의 여러 판본을 비교한 결과를 가지고 말씀드려 보겠습니다. 최초의 『노자』인 전국 시기 출토문헌 곽점본 『노자』에는 아래와 같은 글귀가 있습니다.

(1) 絕僞弃慮, 民復季子. (곽점본『노자』갑본 1호간, 통행본19장)
    행위하려는 마음과 사사로운 걱정을 버리면 백성들은
    아이처럼 순수한 상태로 돌아간다.
(2) 邦家昏亂, 焉有正臣. (곽점본『노자』병본 3호간, 통행본18장)
    국가가 혼란해야 올바른 신하가 생겨난다.

예(1)의 '행위하려는 마음'을 나타내는 '위(僞)'와 '사사로운 걱정'을 나타내는 '려(慮)'는 진한 이후의 판본에서 '인(仁)'과 '의(義)'로 바뀌어 적혀 있습니다. 예(2)의 '정신(正臣)'은 후대 동한 시기의 판본 이후부터는 전부 '충신(忠臣)'으로 바뀌어 적힙니다. '인의'나 '충신' 등의 개념은 유가를 대표하는 키워드입니다. 이 때문에 『노자』가 유가를 배격한다고 오랫동안 알려져 왔고요. 그런데 초기 판본인 곽점본에서는 유가를 직접적으로 배격하는 문구나 글귀를 찾아보기 힘듭니다. 후대에 어떤 의도에 의해 이 문구가 변화한 것이죠. 이런 사례들이 『노자』판본 비교를 통해 쉽게 발견됩니다. 다른 문헌의 판본 비교를 통해서도 시대상이나 사상의 변화 등을 손쉽게 발견할 수 있을 거라 생각됩니다.[1]

---

1 『노자』판본 비교 관련, 더 자세한 논의는 조은정(2019)『죽간에 반영된 노자의 언어』, PBPRESS 참고.

제8장

고대중국어에도
품사가 있을까요?

고대중국어의 품사에 대해 알아보겠습니다. 품사를 말씀드리기 위해 『논어』의 '子曰 : 學而時習之, 不亦說乎?' 구문을 다시 보겠습니다. 여기에서 '子'는 공자를 나타내기 때문에 명사이고 '曰'자는 '말하다'라는 의미로 동사라는 품사입니다. '學'자도 '배우다' 의미의 동사이고 '而'자는 접속사이며 '時'자는 '때때로'라는 뜻으로 부사입니다. '習'은 '익히다'라는 뜻의 동사이며 '之'는 '그것'이라는 의미의 대명사, '不'은 부정부사, '亦'도 부사, '說'은 '기쁘다' 의미의 동사, '乎'는 문장이 의문문임을 나타내는 어기사입니다. 이상은 품사로 분류한 것입니다. 이를 다시 문장성분으로도 분석 가능합니다. 문장성분으로 보자면 '子'는 주어, '曰'은 술어, '學'도 술어, '時'는 부사어, '習'은 술어, '之'는 목적어, '不'과 '亦'은 부사어, '說'은 술어입니다.

품사와 문장성분의 관계												
	子	曰	:	學	而	時	習	之	,	不	亦	說	乎	?
품사	명사	동사		동사	접속사	부사	동사	대명사		부사	부사	동사	어기사
문장성분	주어	술어		술어		부사어	술어	목적어		부사어	부사어	술어	
	S	V		V		adv	V	O		adv	adv	V	

그렇다면 '子曰 : 學而時習之, 不亦說乎?'라는 구문은 총 몇 개의 단문으로 이루어진 구문일까요? 총 4개입니다. '子曰'이 하나, '學'이 하나, '時習之'가 하나, '不亦說'가 하나, 이렇게 해서 총 4개의 단문입니다. 그중 긴밀한 관계를 지닌 문장도 있는데 '學'과 '時習之'가 그러합니다. 두 개의 문장은 의미적으로 긴밀하게 연관이 돼 있기 때문에 '而' 접속사를 사용해서 연결을 해준 겁니다. 이 문장을 다시 S, V, O 등 부호로 표시한다면 '子曰 : 學而時習之, 不亦說乎?'는 'SV + V + adv VO + adv V'로 표현할 수 있습니다. 이를 보면 고대중국어 어순이 SVO 어순을 따르고 있으며 '수식어+피수식어' 구조로 배열되고 있음을 다시 한 번 확인할 수 있습니다. 복잡해 보이는 긴 구문이지만 단문 형식으로 분석을 하면 SVO 어순으로 나열되고 있다는 것이 확인됩니다.

품사는 실사와 허사라는 두 부분으로 나뉩니다. 실사는 실제적인 내용을 가지고 있기 때문에 내용어라고도 불리며 허사는 실질적인 내용이 없고 기능적인 작용만 하기에 기능어라고도 불립니다. 품사 중 명사, 동사, 형용사는 실사(내용어)로, 접속사, 전치사, 감탄사는 허사(기능어)로 분류되며 부사와 대명사는 학자에 따라 실사와 허사의 기능을 모두 지닌 것으로 여기기도, 허사라고 분류하기도 합니다. 실사는 보통 주어와 서술어와 목적어로 상용되고 허사는 그 이외의 보조적인 수단으로 활용되는 편이지만 반드시 그런 것은 아닙니다.

현대중국어의 실사와 허사 사용률을 보면 명사, 동사, 형용사가 전체의 92.4%를 차지하는 등 실사가 단어의 대부분을 차지하고 있습니다. 그중 명사가 63%로 가장 많고, 동사가 24%로 그 뒤를 잇고 있으며 형용사는 5.4%입니다. 부사는 2.4%이며 그 외에 시간사, 양사, 접속사, 방위사, 대명사, 전치사, 수량사, 어기사, 조사, 감탄사 등은 1%를 넘지 못하는 미미한 수준입니다.[1] 이 통계 수치를 역으로 해석해보면 수적으로 소수인 허사의 특징을 잘 파악하고 있다면 중국어 문장을 잘 이해할 수 있다는 뜻이기도 합니다. 그래서 문법 연구에서 실사보다 허사가 더 중요하게 다뤄집니다.

---

1   이는 郭銳(2002:268)가 분석한 총 43,330 단어의 품사 사용빈도로 박용진 (2017) 「중국어 교육의 관점으로 설계한 중국어 품사체계 연구」, 『중국어교육과연구』 26권, 28쪽에서 재인용.

8.1. 언어의 품사 분류

품사의 탄생은 고대 그리스에서 시작이 되었다 합니다. 그 당시 플라톤, 아리스토텔레스같은 철학가들은 논쟁을 즐겼습니다. 그들은 자신의 견해를 좀 더 잘 피력하고 정확히 표현하기 위해 주어와 서술어를 구분하기 시작했습니다. 철학적 논의의 필요성에 의해 그리스어의 명제(statement or utterance)의 구성요소를 주부(명사)와 서술부(동사)로 구분하기 시작한 것이죠.[2] 초창기에는 명사와 동사로만 구분되던 것이 시간이 지나면서 여러 품사로 세분화됩니다. 그래서 지금은 형용사, 명사, 감탄사, 부사, 동사, 전치사, 접속사, 대명사, 관사 등으로까지 품사 분류가 확장되었습니다.

동양의 품사분류는 서양의 영향을 받았습니다. 유럽이나 미국에서 쓰는 언어학 이론이 한국, 중국, 일본 등으로 유입되면서 접목되기 시작한 것이죠. 그런데 각 언어에서의 품사 분류 체계는 조금씩 다릅니다. 학자별로 다르기도 하고요. 한국어, 일본어, 독일어, 영어, 스페인어, 중국어 등의 품사 분류를 보면 공통된 부분

---

2   조은숙(2016) 「품사분류 연원과 중국어 품사분류 발전과정」, 『중국언어연구』 66집, 385쪽, 392쪽.

한자와 고대중국어

도 있지만 미세하게 다른 부분도 있습니다.[3]

8.2. 고대중국어의 품사 분류

중국어에 처음으로 품사 체계가 도입된 것은 1898년 『마씨문통(馬氏文通)』이라는 책에서부터입니다.[4] 이 책 이전에는 소학이라는 학문분야에서 훈고, 성운, 문자 등을 포괄적으로 다뤘습니다. 『마씨문통(馬氏文通)』에서는 서양 문법서의 개념을 도입해서 품사를 실사와 허사로 나눕니다. 중국어 문법 연구는 이 책에서부터 시작되며 그 이후 서양 문법이 들어오면서 어휘론, 문법론, 문자학, 음운론 등 분야로 세분화됩니다. 최근에는 언어학 이론들, 생성문법, 인지문법, 언어유형론, 구문문법 등이 문법 연구에 활용됩니다. 언어학 이론은 시기별로 혹은 지역별로 환영받는 이론이 다른데요. 우리나라에서는 지금은 언어유형론이 각광을 받고 있습니다. 최근에는 구문문법도 관심을 받기 시작했고요.

3 　동서양 품사 분류 체계는 박용진(2017) 「중국어 교육의 관점으로 설계한 중국어 품사체계 연구」, 『중국어교육과연구』 26권, 8쪽 참고.

4 　중국: 商務印書館, 1983.

이렇게 문법 연구는 『마씨문통(馬氏文通)』 전과 후로 나뉩니다. 『마씨문통(馬氏文通)』 이후에 품사에 대한 명칭을 보면 저서마다 조금씩 그 표현이 다릅니다. 20세기 초의 중국어 문법서는 명사를 명자(名字), 명성사(名性詞) 등으로, 대명사를 대명자(代名字), 대자(代字), 대사(代詞) 등으로, 형용사를 정자(靜字), 정사(靜詞) 등으로 각기 다르게 표현했습니다.[5]

그런데 이런 품사를 왕리(王力)가 재분류를 합니다. 왕리는 실사와 허사 이외에도 반실사, 반허사라는 개념을 도입해 품사를 구분하고 있습니다.[6] 즉 명사, 수사, 형용사, 동사를 실사로, 연결사, 어기사를 허사로 보고 부사를 반실사로, 대명사와 계사를 반허사로 본 것이죠. 반실사는 실사인데 허사 기능을 지니는 품사이고, 반허사는 허사인데 실사 기능을 지니는 허사입니다. 그래서 이 둘을 합해서 '반실반허'라고도 부릅니다. 실사의 기능과 허사의 기능을 절반씩 가지고 있는 품사들이죠. 기존 견해를 종합하면 명사, 동사, 형용사는 실사로, 부사, 대명사, 조동사, 양사는 실사와

---

5   문법서에서의 품사 명칭 사용 현황은 조은숙(2016) 「품사분류 연원과 중국어 품사분류 발전과정」, 『중국언어연구』 66집, 403쪽 [표4] 참고.

6   조은숙(2016) 「품사분류 연원과 중국어 품사분류 발전과정」, 『중국언어연구』 66집, 409쪽.

허사의 경계선에 있기에 반실반허로, 접속사, 어기사, 수사, 전치
사는 허사로 볼 수 있겠습니다.

각 품사의 정의와 이를 세분화한 내용은 아래와 같습니다.[7]

품사의 정의 및 분류	
명사	사람, 사물의 명칭 (보통명사, 추상명사, 고유명사, 시간명사, 처소명사)
형용사 (구별사)	사람, 처소, 사물의 성질이나 상태를 나타내는 어휘 (성질형용사, 상태형용사)
동사	동작, 존재, 변화, 활동(심리활동 포함)을 나타내는 어휘 (행위동사, 심리동사, 존재동사, 연결동사)
부사	술어를 수식하여 술어의 방식, 상태, 범위 등을 나타냄 (시간, 정도, 상태, 범위, 부정, 추측, 연결, 겸양)
대명사	사람, 사물, 장소 등을 지시하거나 대체함 (인칭대명사, 지시대명사, 의문대명사)
조동사	동사를 수식하는 성분(가능, 의지, 의무)
수량사	수와 양을 표현하는 성분(수사, 동량사, 명량사)
접속사	단어, 구, 절, 문장, 문단을 연결하는 성분 (병렬, 순접, 전환, 선택, 점층, 양보, 인과, 가정)

---

7   품사 분류 관련된 내용은 楊伯峻, 何樂士(2001)(『古漢語語法及其發展』, 語文出版
社)에서의 설명을 재정리한 것입니다.

어기사	화자의 발화 어투를 나타내는 성분(서술, 명령, 감탄, 의문)
전치사	명사와 명사구의 의미를 보완해주는 성분

(1) 명사는 사람, 사물 등의 명칭으로 보통명사, 추상명사, 고유
명사, 시간명사, 처소명사 등으로 분류 가능합니다.

(2) 형용사는 사람, 처소, 사물의 특성이나 상태를 나타내는데
구별사라고 부르기도 합니다. 보통은 특성을 나타내는 성질
형용사와 상태를 나타내는 상태형용사로 나뉩니다. '높다',
'낮다', '예쁘다' 등은 성질형용사로, '차디차다', '얼떨떨하
다' 등은 상태형용사로 구분됩니다.

(3) 동사는 동작, 존재, 변화, 활동(심리활동 포함)을 나타내는 어
휘이며 행위동사, 심리동사, 존재동사, 연결동사 등으로 구
분됩니다. 행위동사는 동작과 관련된 것이고 심리동사는 언
어별로 동사로 보기도, 형용사로 보기도 합니다. 중국에서
는 동사로 보는데 그 이유는 이 성분 뒤에 목적어를 수반할
수 있는 등의 문법적인 특징이 동사하고 흡사하기 때문입
니다. 형용사는 원래 뒤에 목적어 수반이 안 되는데 심리동
사는 뒤에 목적어 수반이 됩니다. 그래서 이런 특징들 때문
에 이 성분을 동사로 봅니다. 연결동사는 중국어에서 계사

로 분류되는 성분을 말합니다. 현대중국어의 '-이다'라는 뜻을 지닌 '是'가 바로 계사입니다.

(4) 부사는 술어를 수식하여 술어의 방식, 상태, 범위 등을 나타내는 어휘로 시간, 정도, 상태, 범위, 부정, 추측, 연결, 겸양 등을 나타냅니다.

(5) 대명사는 사람, 사물, 장소 등을 지시하거나 대체하는 것으로 보통 인칭대명사, 지시대명사, 의문대명사로 세분화됩니다. 인칭대명사에서 1인칭은 '나', 2인칭은 '너', 3인칭은 '그'를 나타내죠. 지시대명사는 통상 가까운 곳을 나타내는 근칭과 먼 곳을 나타내는 원칭으로 나뉩니다. 언어별로 중칭을 사용하는 언어도 있고요. 한국어를 예로 들어보면 '이'는 근칭, '저'는 원칭, '그'는 중칭입니다. 의문대명사는 '누구', '무엇', '어찌' 등의 의문을 나타내는 표현들입니다.

(6) 조동사는 동사를 수식하는 성분으로 가능, 의지, 의무 등을 나타내는데 양태조동사, 양태사 등으로 불리기도 합니다.

(7) 수량사는 '책 한 권'에서 '한 권'처럼 수와 양을 표현하는 성분으로 수사, 양사로 나뉩니다. 양사는 다시 동사의 양을 나타내는 동량사, 명사의 양을 나타내는 명량사로 세분됩니다.

(8) 접속사는 단어, 구, 절, 문장, 문단을 연결하는 성분으로 병

렬, 순접, 전환, 선택, 점층, 양보, 인과, 가정 등으로 세분화
됩니다.

⑼ 어기사는 화자의 발화 어기를 나타내는 성분으로 보통 문
장의 유형에 따라 평서문, 명령문, 감탄문, 의문문에 사용되
는 어기사로 세분화됩니다. 어기사는 문장의 맨 끝에 놓여
서 다양한 어기를 나타내는데요. 이런 어기사들 덕분에 고
대 한문에서 단구가 가능합니다. 그래서 어기사의 역할도
중요합니다.

⑽ 전치사는 명사와 명사구의 의미를 보완해주는 성분으로 중
국에서는 '개사'라고도 불립니다.

여기까지는 어휘를 품사로 구분한 내용이었고요. 어휘 다음의
문법성분으로 '구'라는 것이 있습니다. '구'에는 명사구, 동사구,
전치사구 등이 존재하는데요. 가령 명사구는 '지시대명사+명사'
구조, '수량명' 구조, '형용사+명사' 구조 등 명사라는 핵심성분을
수식하는 '수식어+명사' 구조를 일컫습니다. 동사구는 '부사어+
동사' 구조 등을 의미하고요. 전치사구는 '전치사+명사구', '전치
사+동사구' 등을 일컫습니다.

이러한 어휘와 구는 문장 내에서 문장성분이 되는데요. 명사는

주로 주어나 목적어로, 동사는 주로 서술어로, 형용사는 술어나 관형어로, 부사는 부사어로 사용되며 주로 술어의 앞에 놓입니다. 조동사는 동사 앞에 놓여서 동사를 수식하는 성분으로 양태 의미를 전달합니다. 품사와 문장성분은 그 관계가 완전히 대등하지는 않습니다. 명사는 전부 주어로만 쓰이고 동사는 전부 서술어로만 쓰이고 이러지는 않는거죠. 물론 특정 품사가 선호하는 문장성분이 있기는 합니다. 명사는 주로 주어와 목적어로 쓰이기를 선호하고 형용사와 동사는 술어로 쓰이기를 선호하듯이 말이죠.

8.3. 고대중국어의 품사활용

그런데 고대중국어는 품사보다 통사 위치가 더 중요합니다. 이 점이 현대중국어와는 좀 다른 부분인데요. 현대중국어에서는 명사가 주로 주어나 목적어로 사용되며 서술어로는 거의 사용되지 않습니다. 그렇지만 고대중국어에서는 명사가 동사의 위치에 놓인다면 동사로 활용될 수 있습니다.[8] 이렇게 명사가 동사로 활용

---

8   현대중국어에서는 이런 경우들이 흔치 않지만 신조어는 이런 현상을 허용하기

되는 경우를 '동사활용'이라고도 부르며 조금 더 폭넓게 '품사활용'이라고도 합니다. 아래 고대중국어에서 명사가 동사로 활용 가능한 구조를 제시합니다.[9]

고대중국어의 품사활용

(1) 조동사+N : 非能水也 (헤엄을 잘 치지 못한다)

(2) 부사+N : 今京不度 (지금 경성은 법도에 맞지 않다)

(3) N+명사(之) : 友其士之仁者 (그 나라의 선비 중 인한 자를 벗삼는다)

(4) N+개사구 : 晉師軍于廬柳 (진나라 군대가 여류에 주둔하다)

(5) 所+N : 令吏人完客所館 (사람을 보내 손님이 머무는 곳을 수리하다)

(6) 而자구문 : 衣冠而見之 (모자를 쓰고 그를 만나다)

---

(1)의 '水'는 원래 명사로 '물'이라는 뜻을 지니지만 고대중국어에서는 서술어 자리에 놓일 수 있습니다. '非能水也(헤엄을 잘 치지 못한다)'라는 구조에서 '水'는 조동사 '能'의 다음에 놓이기에 동사로 활용된 경우로 봐야 합니다. '非能水也'라는 표현이 고대중국어에서는 가능합니다. 이 때 '水'는 '헤엄치다'로 풀이해야 합니다.

도 합니다. 가령 '很中国'라는 표현은 '중국스럽다'라는 뜻으로 사용되는데 '很'이라는 부사의 뒤에는 원래 형용사만 허용되지만 이 구문에서는 '중국'이라는 명사를 허용하고 있습니다.

9   楊伯峻·何樂士(2001)『古漢語語法及其發展』, 語文出版社, 181-2쪽 참고.

한자와 고대중국어

(2)의 '今京不度(지금 경성은 법도에 맞지 않다)'라는 구문에서 '不'은 부사이기에 이 뒤에는 동사만 놓일 수 있습니다. 이 때문에 '度'는 '법도'라는 명사가 아니라 '헤아리다'라는 동사로 풀이해야 합니다.

(3)의 '友其士之仁者(그 나라의 선비 중 인한 자를 벗삼는다)'에서 '友'는 '其士之仁者'라는 명사구를 수반합니다. 명사구를 수반할 수 있는 문장성분은 서술어입니다. 이 때문에 여기에서 '友'는 '벗'이라는 명사가 아니라 '벗삼다'의 동사로 활용됩니다. 참고로 '其士之仁者'는 "N之N" 구조로 명사구입니다.

(4)의 '晉師軍于廬柳(진나라 군대가 여류에 주둔하다)'의 '軍'은 뒤에 '于廬柳'라는 전치사구를 수반합니다. '于廬柳'는 '于+명사' 구조의 전치사구입니다. '于'전치사구는 통상 그 앞에 서술어를 수반합니다. 이 때문에 '軍'은 '군대'라는 명사가 아니라 '주둔하다'라는 동사의 의미로 풀이해야 합니다.

(5)의 '令吏人完客所館(사람을 보내 손님이 머무는 곳을 수리하다)'에서 '館'은 '집'이라는 명사의 의미를 지닙니다. 하지만 '所'를 앞에 수반하여 그 의미가 '~하는 곳'으로 해석되어야 하기에 '館'은 '머물다'라는 동사 의미로 풀이해야 합니다.

(6)의 '衣冠而見之(모자를 쓰고 그를 만나다)'에서 '衣'는 '옷'이라는

의미의 명사로 주로 사용됩니다. 하지만 이 구문에서는 뒤에 '冠'이라는 명사목적어를 수반합니다. 목적어를 수반할 경우 그 바로 앞의 위치는 서술어의 위치입니다. 이 때문에 '衣'는 명사가 아닌 동사로 풀이해서 '입다', '쓰다'로 보아야 합니다.

 이렇듯 고대중국어는 현대중국어보다 품사 활용이 좀 더 자유롭습니다.

제9장

고대중국어에도
문법이 있을까요?

고대중국어는『마씨문통』이후로 문법체계가 수립된 후 문법 연구가 진행되어 왔습니다. 연구 시기로 보자면, 예전에는 선진 시기 위주의 연구가 진행되었다면 요즘에는 동한 이후의 중고중국어 시기로까지 확장해서 연구하는 경우가 늘고 있으며 특히 근대중국어 시기의 연구도 활발하게 진행되는 편입니다. 연구 범위로 보자면, 예전에는 특정 텍스트 내의 여러 문법 현상을 추적하는 연구가 대다수였습니다. 요컨데『좌전』의 문법 현상 연구,『논어』문법 연구 등의 주제가 많았습니다. 그런데 최근에는 특정 주제에 대해 통시적 변천을 연구하는 경우가 많습니다. 가령, 조건문 '若'과 '如'의 서주시기부터 춘추전국까지의 통시적 변천을 연구하는 경우가 이에 해당합니다. 아래에서 고대중국어에서는 어떤 문법 연구가 진행되어 왔는지 시기별, 연구주제별, 문헌별로 나누어 살펴보겠습니다.

9.1. 시기별[1]

고대중국어 문법 연구는 『마씨문통』 이후 크게 세 단계를 거칩니다. 아래에서는 이를 세 시기로 나누어 설명하겠습니다.

(1) 1930년대까지 : 품사와 문장성분 등의 문법체계를 구축하는 시기로 주로 품사와 문장성분에 대한 개념이 정립되는 시기입니다.

(2) 1980년대까지 : 문법현상의 공시적인 묘사가 주를 이루는 시기로 대명사, 전치사, 접속사, 조동사, 어기사, 연동문, 피동문, 판단계사 등의 품사 연구가 공시적으로 이뤄집니다.

(3) 1980년대 이후 : 문법현상의 통시적인 연구가 주를 이루는 시기로 서양이론을 도입하고 출토문헌을 활용하여 언어이론, 즉 도상성이나 언어보편성과 특수성의 시각에서 시기구분을 통해 문법현상을 다양한 시각으로 연구합니다.

1 　시기별 동향은 宋紹年·郭錫良(2000)「二十世紀的古漢語語法硏究」,『古漢語硏究』 第1期 참고해서 요약했습니다.

9.2. 연구주제별

고대중국어에서 주로 연구하고 있는 주제를 품사, 통사, 이론으로 나누어 살펴보면 다음과 같습니다.

첫째는 품사 연구입니다. 실사보다는 허사 연구가 주를 이룹니다. 명사가 부사어로 활용되는 용법, 하나의 품사가 다른 품사로도 사용되는 품사 겸용(兼類), 3인칭 대명사가 존재했는지 여부에 대한 논쟁, 의문대명사 변천, 재귀대명사 '自己', 지시대명사 '之', '是', '此', 어기사 '惟', '也', '矣', 전치사 '以', '於', 접속사 '及', '與', 부사 '弗', '非', '其' 등, 계사 '是' 등이 연구됩니다.

둘째는 통사 연구입니다. 이는 구문형식, 단문, 복문, 문단 등의 연구로 나뉩니다. 이 중 구문형식과 단문에 대한 연구가 활발한 편입니다. (1) 구문형식은 명사구, 능원식, 연동식, 사역식, 처치식, 피동식, 점층식, 동보구조, 술어구조 등에 대한 연구인데요. 능원식은 능원동사, 즉 조동사를 사용하는 구문형식에 대한 연구이고, 연동식은 동사가 연속해서 등장하는 구문에 대한 연구이며, 사역식은 '使'자구조가 활용된 구문을 연구합니다. 처치식은 '把'자문에 대한 연구이고, 피동식은 '被'자구조 등 수동의미에 대한 연구입니다. 동보구조는 '동사+보어'구조에 대한 연구이고, 술어구조는 '而'자 구문에 대한 연구입니다. (2) 단문에 대한 연구는 서사문, 판단문, 상태문, 능동문, 수동문, 피동문, 사역문, 이중목적어 구문, 주술술어문에 대한 연구가 진행되고 있습니다. 이중 서사문은 동사술어문으로, 판단문은 명사술어문으로, 상태문은 형용사 술어문으로도 구분 가능합니다. 수동문은 피동문과 같이 연구가 되는데요. 고대중국어에는 피동형식이 존재하지 않고 수동형식이 주로 사용되기 때문입니다. 이중목적어구문은 목적어가 두 개, 즉 간접목적어와 직접목적어가 사용되는 구문에 대한 연구입니다. 동사의 의미에 따라 각기 다른 구문 형태를 사용하고 있는 것에서 착안하여 언어유형론적으로 어떤 의미가 있는지 연구가 진행되고 있습니다. (3) 복문에 대한 연구는 사실 그렇게 활발하게 진행되지는 않습니다. 조건문, 주제문, 병렬구조, 선후복문, 인과문, 가정문 등 다양한 복문 구조가 있는데 복문에 사용되는 접속사에 대한 연구는 일부 진행되지만 아직 복문구조 간의 연관성 등에 대한 연구는 미흡한 편입니다. (4) 문단은 여러 단문과 복문이 만나서 이뤄진 좀 더 큰 형태의 글입니다. 문단 연구는 보통 화용론에서 연구되었는데요. 최근에는 언어학 이론의 측면에서 화용과 문법, 의미를 연계해 연구를 진행하려는 시도가 이뤄지고 있습니다.

셋째는 이론 연구입니다. 이는 내부적인 묘사 결과로부터 도출된 이론과, 서양이라는 외부에서 도입된 이론 틀 안에서의 해석으로 나뉩니다. 내부적으로 도출된 이론은 계사 '是'의 탄생, 명사성인 지칭과 동사성인 진술의 겸유성에 대한 연구 등이 있고, 외부의 이론으로 고대중국어의 현상을 풀이하는 경우는 주로 도상성 이론 등을 활용합니다. 또한 언어접촉에 의한 중국어의 변화도 연구되는데 불경언어, 혹은 상대언어와 주대언어의 차이 등에 이 이론이 활용됩니다.

9.3. 문헌별

연구 대상으로 보자면 예전에는 『상서』, 『시경』, 『좌전』, 『논어』, 『맹자』, 『장지』, 『노자』, 『사기』 등 전래문헌을 주 연구 대상으로 삼았지만 현재는 여기에 갑골문, 금문, 전국진한 죽간백서 등 출토문헌까지 포함해서 연구를 진행하려는 경향이 있습니다.

출토문헌은 크게 갑골문, 금문, 죽간백서 연구 등으로 나눠볼 수 있습니다.

(1) 갑골문 연구는 20세기 중엽까지 전성기를 이룹니다. 명사, 방위사, 동사, 형용사, 대명사, 지시사, 부사, 개사, 접속사, 어기사 등의 품사 연구나 통사구조나 문형, 어순 관련 연구 시 갑골문이 활용됩니다. 가령 고대중국어의 어순 유형이 SOV인지, SVO인지에 관한 논쟁, 그리고 점복 기록이라는 특수성 때문에 어기에 대한 연구 등이 있어 왔습니다.

(2) 금문 연구는 품사와 통사로 나누어 볼 수 있는데요. 1950년대 이후에는 품사 중 실사 연구가 주를 이루다가 1980년대 이후에는 허사 연구와 문법연구가 위주가 됩니다. 금문은 상대 금문, 서주 금문, 춘추전국 금문 모두 존재하지만 서주 시기의 금문이 가장 문자 수도 많고 완정하기에 주로 서주 시기의 금문을 연구 대상으로 삼습니다. 지금까지 연구된 내용으로는 품사의 경우 '弗/不', '其/厥', 그리고 접속사, 전치사, 어기사 등이 연구되었고 단문의 경우 피동문, 겸어문, 부정문 등이, 문장형식의 경우 '主之謂' 구조 등이 연구되었습니다. 이 외에도 수량사, 지시사 등을 통한 어순 연구도 진행되었습니다. 하지만 금문 연구는 죽간과 백서의 발견으로 최근에는 시들해졌습니다.

(3) 죽간 백서는 지금 가장 관심이 집중된 분야입니다. 20세기

중반 이후 중국에서 다양한 죽간과 백서가 발굴되거나 발견되면서 모든 관심이 집중되고 있습니다. 출토된 지역에 따라 출토문헌이 명명되는 편인데 곽점간(郭店簡), 상박간(上博簡), 청화간(淸華簡), 포산초간(包山楚簡), 북대한간(北大漢簡), 수호지진간(睡虎地秦簡), 마왕퇴백서(馬王堆帛書), 악록서원(嶽麓書院藏秦簡) 등이 있으며 최근에는 안휘간(安徽簡)도 주목받고 있습니다. 출토문헌에 대한 연구는 동사 등 실사 연구나 '是是'문, 선택의문문 등 구문 연구도 일부 있지만 주로 '弗/勿' 등 부정부사 연구, 전치사와 접속사 연구, 일부 부사 등 허사 연구에 집중되어 있습니다.

아래에서는 참고할 만한 고대중국어 문법서를 소개하겠습니다. 초창기에 출간되어 영향력이 큰 문법서로는 왕리의 『漢語語法史』, 뤼수샹의 『中國文法要略』, 저우파가오(周法高)의 『中國古代語法』, 양보쥔(楊伯峻)과 허러스(何樂士)의 『古漢語語法及其發展』, 장샤오위(蔣紹愚)의 『近代漢語硏究槪要』 등이 있으며 최근에는 메이광(梅廣)의 『上古漢語語法綱要』가 주목받고 있습니다.

고대중국어 문법서 : 중국, 대만

王力(1989)『漢語語法史』, 商務印書館.

呂叔湘(1951)『中國文法要略』, 商務印書館.

楊伯峻·何樂士(2001)『古漢語語法及其發展』, 語文出版社.

周法高(1993)『中國古代語法(造句篇)』, 中央研究院歷史語言研究所.

蔣紹愚(2017)『近代漢語研究概要』, 北京大学出版社.

梅廣(2015)『上古漢語語法綱要』, 三民書局, 2019.

고대중국어 문법서는 중국 대륙에서는 왕리(王力)의 책을 많이
봅니다. 근대중국어 문법서는 장샤오위(蔣紹愚)의 책을 많이 보고

한자와 고대중국어

요. 하지만 대만에서는 뤼수샹(呂叔湘)과 저우파가오(周法高)의 책도 주목합니다. 그중 뤼수샹의 책은 현대중국어와 고대중국어의 현상을 망라해놓은 책으로 창의적인 견해가 다수 수록된 재미있는 책입니다. 메이광(梅廣) 교수의 책은 세계 최초로 생성문법 이론으로 고대중국어 언어를 분석한 책이고요. 장샤오위 교수의 책은 근대중국어 문법 입문서로, 근대중국어를 공부하고자 하는 분들에게는 필수저서라고 볼 수 있습니다. 고대중국어 문법을 좀 자세히 꼼꼼하게 공부하고 싶다면 양보쥔(楊伯峻)·허러스(何樂士)의 책도 참고할 만합니다.

한국 번역서도 몇 권 소개해 드리겠습니다. 에드윈 풀리블랭크가 쓴 책의 번역본은 초학자가 입문하기 좋습니다. 메이광 교수 책의 번역본은 창의적이고 일리 있는 견해들이 많아 고대중국어 문법을 심도있고 체계적으로 이해하기 원하신다면 추천드리고요. 근대중국어 문법, 즉 당나라 이후의 입말 언어를 이해하고 싶으시다면 장샤오위 교수 책의 번역본을 추천드립니다.

고대중국어 문법서 : 한국

에드윈 풀리블랭크 저, 양세욱 역 『고전중국어 문법 강의』, 궁리, 2005.

메이광 저, 박정구·백은희·조은정 역 『고대중국어문법론』, 한국문화사, 2020.

장소우 저, 최재영·임미나 옮김, 『근대중국어 연구방법론(1)』, PB PRESS, 2019.

나가는 말

이 책에서는 한자와 고대중국어에 대해 이야기를 나눠보았습니다.

제1장에서는 한자 학습과 고대중국어 학습의 유용성을 소개해드렸습니다. 한자 학습은 어휘 의미를 정확하게 이해하도록 도와주고 한자문화권의 문자적 소통능력을 향상시켜주며 제2외국어 학습에도 도움이 될 수 있는 등의 이점이 있습니다. 고대중국어 학습은 한문 문장에 대한 정확한 이해를 가능케 해주며 인간의 언어가 변화하는 모습에 대해 이해 가능하게 해줍니다.

제2장과 제3장에서는 개념언어문자와 한자의 3요소, 그리고 문자기록방식과 육서에 대해 소개했습니다.

제4장에서는 중국어가 발화되는 순서인 어순에 관한 이야기를 했습니다. 전세계 언어의 어순유형을 살펴보면 SOV 아니면 SVO 어순이 상용됩니다. 또한 수식어가 놓일 경우 '수식어+피수식어'

혹은 '피수식어+수식어' 어순을 활용하는데요. 중국어는 어떤 어순을 사용하고 있는지 살펴보았습니다. 또한 중국어의 어순 변화에 대한 몇 가지 주요 견해를 서술했습니다.

제5장에서는 현대중국어와 고대중국어의 동이점에 대해 논했고요. 고대중국어와 현대중국어를 문자, 어휘, 문법 등을 통해 비교하여 어떤 점이 다른지에 대해 소개하였습니다. 문자적으로는 고대에는 전통한자를 사용하지만 현대에는 간화자가 포함된 규범한자를 사용하고, 어휘적으로는 종합적 성격에서 분석적 성격으로 변화했으며, 문법적으로는 일부 통사구조가 변화하였음을 말씀드렸습니다.

제6장과 7장에서는 고대중국어의 시기 구분과 상용되는 문헌에 대해 언급했습니다. 고대중국어는 기본적으로 상고, 중고, 근대로 나뉘며, 상고는 다시 초기, 중기, 후기로 나뉜다는 내용을 말씀드렸고요. 고대중국어에서 상용되는 문헌을 출토문헌과 전래문헌으로 구분해서 말씀드리고 한 문헌의 다양한 판본을 활용한 판본비교법에 대해서도 소개했습니다.

제8장과 제9장에서는 고대중국어의 품사와 문법에 대해 말씀드렸습니다. 고대중국어의 품사와 문법은 『마씨문통』에서 시작되어 현대에 이르게 되었음을 설명드리고 품사와 문법연구에서 중

점적으로 다루는 연구주제들과 고대중국어 문법서에 대해서도 소개드렸습니다.

이상 언어학 전공자의 입장에서 풀어낸 한자와 고대중국어 이야기를 마치겠습니다. 감사합니다.

조은정 曹銀晶

현 중앙대학교 교양대학 부교수.
성균관대학교 중문과 졸업, 중국 북경대학교 중문과 석박사. 주요 저역서는 『죽간에 반영된 「노자」의 언어』(2019, 저서), 『고대중국어 문법론』(2020, 공역) 등이 있다. 주요 연구분야는 고대 한자, 고대중국어 문법, 출토문헌 문법이며 최근에는 언어문자와 인간 사유방식의 상관성 등에 관심을 두고 있다.

허철 許喆

전 경성대학교 한국한자연구소 HK교수.
성균관대학교에서 한문교육전공으로 학사와 석사를, 중국 북경사범대학에서 「고금 한국 한자 사용 분석 연구」로 한자학 박사 학위를 받았다. 한국의 한자학, 한자교육, 한문교육 관련 연구와 디지털 동아시아 고전학 관련 연구 등에 집중하고 있다.
2024년 현재까지 한국연구재단 등재지에 56편의 관련 논문을 게재하였으며, 4권의 전문서적과 번역서를 개인과 공동으로 출판하였고, 총 18개의 국가연구과제에 연구책임자와 공동연구원으로 참여한 바 있다.

경성대학교 한국한자연구소 한자학 교양총서 04

한자와 고대중국어

초판1쇄 인쇄 2024년 2월 16일
초판1쇄 발행 2024년 2월 28일

지은이   조은정 허철
펴낸이   이대현
편집   이태곤 권분옥 임애정 강윤경
디자인   안혜진 최선주 이경진
마케팅   박태훈 한주영

펴낸곳   도서출판 역락
출판등록   1999년 4월 19일 제303-2002-000014호
주소   서울시 서초구 동광로 46길 6-6 문창빌딩 2층 (우06589)
전화   02-3409-2060
팩스   02-3409-2059
홈페이지   www.youkrackbooks.com
이메일   youkrack@hanmail.net

ISBN   979-11-6742-716-8 04700
          979-11-6742-569-0 04080(세트)